QUESTIONNAIRE
D'INSTRUCTION CIVIQUE

PAR

Mlle ÉLISA LHOSPIED
INSTITUTRICE A PARIS

et M. A. PITOIS
DOCTEUR EN DROIT

Prix : 0 fr. 80

Remise de 25 0/0 à MM. les Instituteurs.

EN VENTE CHEZ M. PITOIS

PARIS

QUESTIONNAIRE

D'INSTRUCTION CIVIQUE

AVIS

Cet ouvrage est divisé en 6 chapitres :

Chapitre 1er : Droits de l'homme ou du citoyen.

Chapitre ii : Constitution et pouvoirs publics.

Chapitre iii : Personnes morales publiques (État, département, commune).

Chapitre iv : État civil.

Chapitre v : Instruction publique.

Chapitre vi : Religions et cultes.

Pour traiter ce programme, nous avons adopté le mode du questionnaire. L'expérience de l'enseignement nous a prouvé la grande supériorité de ce procédé. Quant aux détails des matières, nous avons pris MM. les Examinateurs pour guides. La plupart des questions ont été relevées dans les examens, et nous avons insisté particulièrement sur celles qui reviennent le plus souvent.

Notre livre vise à la fois le brevet élémentaire et le certificat d'études primaires.

Nous avons surtout voulu inculquer aux élèves un attachement réfléchi pour nos grandes institutions libérales, telles que les libertés publiques, l'égalité des citoyens, le droit de suffrage, la responsabilité des ministres devant les représentants du peuple, l'inamovibilité des juges.

Pour être certains de conserver la liberté et d'avoir un gouvernement uniquement préoccupé de leurs intérêts, les citoyens (l'histoire l'a montré) n'ont qu'un seul moyen : il faut qu'ils fassent eux-mêmes leurs affaires, et demeurent toujours, par l'intermédiaire de leurs représentants, les maîtres du gouvernement.

Ce petit livre, facile à apprendre, même pour des enfants, montrera comment notre République démocratique parlementaire garantit les droits essentiels de l'individu et force le gouvernement à s'exercer toujours dans l'intérêt de tous, et non pas dans l'intérêt d'un homme, d'une famille ou d'un parti.

CHAPITRE PREMIER

Droits de l'homme.

1. Qu'entend-on par « droits de l'homme? »

Les droits de l'homme (on dit aussi « les droits de l'individu », ou encore « droits publics ») sont des droits que l'homme tient de la nature elle-même, et qui sont au-dessus des lois : le pouvoir social manquerait à sa mission s'il violait ces droits, car la raison d'être de ce pouvoir est de les assurer et de les faire respecter.

Ils consistent essentiellement dans la liberté, l'égalité, et le droit de suffrage qui en est la condition et la garantie nécessaires. C'est parce que ces droits supérieurs ont été méconnus par l'ancienne monarchie que le peuple a fait la grande Révolution de 1789.

C'est aussi parce que le principe d'égalité des citoyens, au point de vue du suffrage politique, a été méconnu par le gouvernement de Louis-Philippe, que le peuple a fait la Révolution de 1848.

2. Quand les droits de l'homme ont-ils été proclamés pour la première fois?

C'est dans la célèbre nuit du 4 août 1789, au moment de l'abolition des privilèges.

3. *Qu'est-ce que la liberté?*

C'est le droit pour chacun de faire ce qui n'est pas défendu par la loi.

4. *Quelles sont les limites de la liberté?*

La liberté de chacun est limitée par celle d'autrui. La loi réglemente donc la liberté pour la concilier avec l'intérêt général.

5. *Quelles sont les différentes sortes de libertés?*

On distingue : 1° La liberté *religieuse* qui comprend à la fois la liberté de conscience (droit de ne rien faire qui soit contraire à mes convictions) et la liberté du culte (droit de manifester ma religion par des actes extérieurs).

2° La liberté *individuelle*, en vertu de laquelle je ne peux être arrêté que dans les cas et suivant les formes déterminées par la loi.

3° La liberté du *travail*. Je peux faire le travail qui me plaît, de la façon qui me plaît, et pour le prix qui me plaît.

4° La liberté (ou l'inviolabilité) du *domicile*, en vertu de laquelle la police ne peut pénétrer dans la demeure d'un citoyen que selon les formes et dans les cas prévus par la loi.

5° La liberté (ou l'inviolabilité) de la *propriété*, en vertu de laquelle personne ne peut être dépouillé de sa propriété, si ce n'est pour cause d'utilité publique et moyennant une juste et préalable indemnité.

6° La liberté de *réunion*, en vertu de laquelle un nombre quelconque de personnes peuvent se rassembler en vue de s'entretenir d'un sujet qui les intéresse.

7° La liberté *d'association*, en vertu de laquelle plusieurs personnes peuvent réunir leurs efforts et leurs ressources dans un but qu'elles désirent atteindre.

Cette liberté est restreinte par la loi avec raison pour empêcher certains citoyens audacieux et ambitieux de constituer un Etat dans l'Etat.

8° La liberté de *l'enseignement*. Cette liberté a été restreinte avec raison pour éviter l'influence d'associations puissantes qui se proposeraient d'inculquer à la jeunesse des sentiments contraires à la Constitution et aux droits de l'homme.

9° La liberté de la *presse*. Elle est essentielle à des hommes libres. C'est la conséquence nécessaire de la liberté de conscience, c'est-à-dire de la liberté de penser ; cette liberté veut que je puisse faire connaître mes opinions et apprendre celles d'autrui pour développer et rectifier les miennes.

Cette liberté est aussi la conséquence du suffrage universel.

10° La liberté de *pétition*. Lorsqu'une loi me cause préjudice ou que je la trouve con-

traire à l'intérêt général, je peux adresser
une réclamation au président de l'une des
deux Chambres. Cette pétition doit être écrite
et signée par moi avec indication de mon
domicile. Je ne peux pas l'apporter en personne. La pétition est renvoyée par le Président à la commission des pétitions, qui
peut :

Ou la rejeter,

Ou la renvoyer au ministre compétent
qui examinera la suite qu'il convient d'y
donner,

Ou la déclarer admissible et digne d'être
soumise à l'examen de la Chambre.

*6. Quelles sont les manifestations de
l'égalité des citoyens?*

On distingue :

1° L'égalité *devant la loi et la justice.*
Tous les Français sont justiciables des mêmes tribunaux, et passibles des mêmes peines,
quand ils ont commis les mêmes délits.

Pour les citoyens pauvres qui n'ont pas
le moyen de faire valoir leurs droits en justice, la République de 1848 a institué l'Assistance judiciaire.

Avant la Révolution, les hommes se dis-
tinguaient en nobles, gens d'Eglise, roturiers
et serfs. Chacune de ces catégories était trai-
tée différemment au point de vue de la loi et
de la justice. Ainsi un noble était décapité,

tandis que les roturiers et les serfs étaient pendus (la hache pour le noble, la corde pour le vilain).

Le noble, à l'époque féodale, était jugé par ses pairs sous la présidence du suzerain commun, tandis que le roturier était jugé par son seigneur et l'homme d'église par un tribunal ecclésiastique.

2° L'égalité devant *l'impôt*. Autrefois, les roturiers et les serfs étaient seuls soumis à l'impôt. La noblesse et le clergé y échappaient; on disait que le peuple aidait le roi de sa bourse, la noblesse de son épée et le clergé de ses prières. Aujourd'hui, tous les Français paient l'impôt *proportionnellement* à leurs ressources. Dans certains cas mêmes, l'impôt est progressif. Par exemple, si, pour une succession de 100 000 francs, le droit de mutation est de 5 000 francs, c'est-à dire de 5 pour cent, il ne sera pas, pour 1 000 000 de francs, dix fois plus grand, c'est-à-dire 50 000 francs. Le taux, au lieu d'être de 5 pour cent sera porté à 10 pour cent, ce qui fera 100 000 francs. En effet, il est plus aisé à celui qui a 100 000 francs de revenu de payer 10 pour cent de ce revenu (ce qui lui laisse encore 90 000 francs de revenu) qu'à un petit rentier de 2 000 francs de payer 5 pour cent (ce qui lui laisserait un revenu de 1 900 francs). Une contribution de 100 francs est bien plus lourde pour celui qui n'a que juste de quoi vivre, qu'une contribution de 10 000 francs pour celui qui a 100 000 francs de rente. C'est sur ce principe qu'est basé l'impôt progressif, revendiqué par la démocratie en vue d'égaliser, autant que possible, la condition des hommes sous le rapport du bien-être. Cependant, poussé à l'extrême, l'impôt progressif serait injuste; ce serait le vol par l'Etat de la propriété privée.

L'égalité devant l'impôt comprend l'égalité devant l'obligation du service militaire, qu'on appelle quelquefois l'impôt du sang. Tous les Français doivent le service militaire.

7. Les diverses libertés, qui dérivent des droits de l'homme, ne peuvent-elles pas être momentanément suspendues?

Oui, elles peuvent être suspendues en cas de déclaration d'état de siège. Cette déclaration ne peut avoir lieu qu'en cas de péril imminent, résultant d'une guerre étrangère ou d'une insurrection à main armée, et, en général, il faut une loi pour la prononcer.

En cas d'état de siège, le pouvoir suprême passe au commandant militaire; celui-ci peut ordonner toutes les mesures qui lui paraissent utiles au salut commun, même si elles sont contraires aux droits publics. Ainsi le commandant peut interdire les réunions et les journaux, faire des perquisitions, quand il lui plaît, au domicile des citoyens, déférer à un Conseil de guerre ceux qui troublent l'ordre.

8. Quelle est la différence entre les droits civils et les droits politiques?

Les droits civils se rapportent aux biens et à la famille. Les droits politiques se rapportent au gouvernement.

Le droit de donner ou de recevoir des biens, le droit de contracter des ventes ou des prêts, le droit de se marier, le droit d'élever mes enfants à mon gré, de leur demander une pension quand je serai vieux, tous ces droits sont *civils*. Le droit de participer aux élections des députés est un droit *politique*.

9. Indiquez des personnes qui ont les droits civils mais n'ont pas les droits politiques.

Citons :

1° Les étrangers admis par décret à fixer leur domicile en France;

2° Les étrangers naturalisés. Ils n'ont les droits politiques que dix ans après leur naturalisation;

3° Les femmes.

9 bis. Peut-on justifier l'incapacité politique des femmes?

Non, c'est une injustice, qui ne peut

s'expliquer que par la force des habitudes de servage contractées dans l'ancien régime. On a affranchi l'homme, et on n'a pas pensé à affranchir la femme.

10. *Qu'est-ce que le suffrage universel?*

C'est celui où tous les citoyens votent également pour former les assemblées chargées de veiller aux intérêts généraux : il suffit, pour participer à l'élection, d'être homme et d'avoir vingt et un ans. Tous les votes se valent, celui du riche peut être détruit par celui du pauvre. On compte les voix. Celui qui en a obtenu le plus est nommé.

11. *Dans quelles élections surtout emploie-t-on le suffrage universel?*

On l'emploie pour l'élection des députés, des conseillers généraux, des conseillers d'arrondissement et des conseillers municipaux.

12. *Depuis quand emploie-t-on le suffrage universel en France?*

Depuis la Révolution de 1848, qui a entraîné la chute de Louis-Philippe. C'est pour arriver au suffrage universel que le peuple a fait cette Révolution. Sous Louis-Philippe (1830-1848), de même que dans le gouvernement de la Restauration (1814-1830), on appliquait le régime censitaire : le droit de suffrage n'appartenait qu'aux riches, c'est-à-dire à ceux qui payaient un cens (ou impôt) assez élevé.

La Constitution de 1848 proclame le suffrage universel. Ce principe est également consacré :

1° Dans la Constitution de 1852, qui donne le pouvoir au prince Louis Bonaparte (devenu bientôt après empereur, sous le nom de Napoléon III).

2° Dans la Constitution de 1875 qui nous régit actuellement.

13. *Qu'est-ce que le mandat impératif?*

C'est le système dans lequel tout député est obligé de se conformer exactement aux instructions que lui ont données les électeurs, et pour l'exécution desquelles il a été élu.

14. *Le mandat impératif est-il permis?*

Non, il est défendu par la Constitution. Sans doute il est d'usage qu'un candidat indique dans son programme électoral (ou sa profession de foi) la ligne politique qu'il entend suivre. Mais, une fois nommé, il est absolument indépendant de ses électeurs; il est le représentant, non de sa circonscription, mais de la France entière. La seule sanction de la violation de ses engagements électoraux est qu'il lui sera plus difficile de se faire réélire par la suite dans la même circonscription.

———

CHAPITRE II

Constitution et pouvoirs publics.

15. *Qu'entend-on par une Constitution?*

C'est une loi qui détermine les grands pouvoirs de l'Etat.

16. *Quel gouvernement avons-nous actuellement en France?*

Nous avons la République démocratique parlementaire. Je dis : 1° que notre République est parlementaire, parce que le Parlement est le maître du gouvernement; 2° qu'elle est démocratique, c'est-à-dire aux mains de la masse du peuple, et non pas aristrocatique, c'est-à-dire aux mains des riches, parce que les membres du Parlement sont élus par le suffrage universel, le pauvre ayant une voix égale à celle du riche.

17. *Qu'est-ce que le Parlement?*

Il se compose de deux éléments : la Chambre des députés et le Sénat. La loi n'existe que lorsqu'elle a été votée successivement par les deux Chambres.

18. *Quelle est la différence entre l'élection de chaque Chambre?*

Les députés sont élus par le suffrage universel direct; les citoyens élisent directement un député.

Les sénateurs sont élus à plusieurs degrés. Les citoyens nomment des personnes qui élisent à leur tour certaines personnes qui éliront les sénateurs (V. numéro 46).

19. *A quel âge peut-on être élu, soit à la Chambre des députés, soit au Sénat?*

A vingt-cinq ans pour la Chambre des députés et à quarante ans pour le Sénat.

20. *Les députés et les sénateurs sont-ils élus au scrutin de liste ou au scrutin uninominal?*

Les sénateurs le sont au scrutin de liste, et les députés au scrutin uninominal.

21. *Expliquez ces deux modes d'élection?*

Pour le scrutin uninominal, la circonscription électorale est très restreinte, et chaque électeur n'a à marquer sur son bulletin qu'un seul nom, car il n'y a qu'un seul personnage à élire pour la circonscription. Ainsi, pour les députés, la circonscription est l'arrondissement, si faible que soit sa population. Mais s'il s'agit d'un arrondissement, qui, à cause de sa nombreuse population, a droit à trois députés, on le sectionne en trois circonscriptions et, dans chacune d'elles, les électeurs n'ont à désigner qu'un seul député.

Pour le scrutin de liste, la circonscription électorale est beaucoup plus étendue. Ainsi, pour les élections sénatoriales, elle comprend un département entier. Donc si un département a droit à cinq sénateurs, chaque électeur (c'est-à-dire chaque membre du collège sénatorial, V. numéro 48) doit marquer cinq noms sur son bulletin.

22. *Quelle est la durée des fonctions de député et de sénateur ?*

Celles de député durent quatre ans, celles de sénateur neuf ans. La Chambre des députés est renouvelée intégralement tous les quatre ans, tandis que le Sénat est renouvelé par tiers, tous les trois ans.

23. *Les Chambres peuvent-elles être dissoutes par le Président de la Répu-*

blique quand elles sont en opposition continuelle avec le gouvernement?

Le Sénat ne peut pas être dissous, mais la Chambre des députés peut être dissoute avec l'autorisation du Sénat.

Pouvoirs supérieurs de l'Etat.

24. Quels sont les grands pouvoirs de l'Etat?

Il y en a trois, qui sont :

1° Le pouvoir législatif qui fait la loi : il est exercé par le Parlement.

2° Le pouvoir exécutif qui fait exécuter la loi : il est exercé par le Président de la République aidé par les ministres;

3° Le pouvoir judiciaire qui applique la loi dans les contestations particulières.

24 bis. Quel est l'écrivain qui a fait cette distinction tripartite des Pouvoirs?

C'est Montesquieu dans l'ouvrage intitulé *l'Esprit des lois.*

25. Qu'est-ce que le régime parlementaire?

C'est celui dans lequel les ministres sont responsables de leurs actes devant le Parlement. Ainsi un ministre doit donner sa démission lorsqu'un de ses actes est blâmé par le Parlement.

26. *Comment la responsabilité d'un ministre est-elle mise en jeu?*

Elle est mise en jeu par voie *d'interpellations.* Un député interpelle le ministre, c'est-à-dire qu'il critique un de ses actes et somme le ministre de l'expliquer. Ce ministre tâche de justifier sa conduite, et il y a lieu à une discussion générale où les uns attaquent le ministère et d'autres prennent sa défense. Puis on vote sur l'ordre du jour. Voter l'ordre du jour, c'est dire que le débat est clos, et qu'on va passer à une autre question portée au programme. On appelle en effet ordre du jour la série des questions qui doivent être successivement examinées par la Chambre. Si l'ordre du jour est repoussé, cela implique blâme de la conduite du ministre, et celui-ci doit donner sa démission.

C'est ce qu'on appelle l'ordre du jour *pur et simple.*

27. *L'ordre du jour ne peut-il pas être motivé?*

Oui, par exemple dans les cas suivants : « La Chambre, approuvant les explications du ministre, passe à l'ordre du jour » (c'est un vote de confiance); ou encore : « La

Chambre, regrettant tel acte du ministre, passe à l'ordre du jour » (c'est un vote de confiance.)

28. *Si un ministre est blâmé par un vote du Sénat, doit-il démissionner?*

Non; il ne doit démissionner que s'il est blâmé par un vote de la Chambre des députés.

29. *Est-ce que tous les ministres doivent démissionner ensemble; ou la démission n'est-elle imposée qu'à celui dont l'acte est blâmé?*

Cela dépend. Si c'est un acte de politique générale, tous les ministres tombent. Au cas contraire, il suffit de la démission du ministre dont l'acte est blâmé.

30. *Les ministres ne forment-ils pas un Conseil?*

Oui, et dans ce Conseil, ils délibèrent sur les affaires les plus importantes. L'un d'eux préside ce Conseil et dirige la politique; il a le titre de Président du Conseil.

31. *Comment sont nommés les ministres?*

Par le chef de l'État.

32. *Le Président de la République est-*

il absolument libre dans le choix des ministres?

Il faut qu'il prenne des personnages qui ont la confiance des députés (autrement ils seraient immédiatement renversés par la Chambre des députés (N° 26.)

Pour composer un ministère, il appelle auprès de lui un homme qui lui paraît jouir de la confiance de la majorité, et le charge de composer lui-même un ministère dont il sera le chef sous le nom de « Président du Conseil des ministres ».

33. *Qu'est-ce que le Congrès?*

Le Congrès ou l'Assemblée nationale constituante est une autorité qui peut modifier la Constitution.

34. *Comment est composé le Congrès?*

Il est composé de la réunion des députés et des sénateurs siégeant en une assemblée unique.

35. *Quel est le Président du Congrès?*

C'est le président du Sénat. En effet, notre Constitution dit que le bureau du Congrès ne sera autre que celui du Sénat.

36. *Où siège le Congrès?*

A Versailles.

37. Quand siège le Congrès à l'effet de réviser la Constitution?

Il ne siège qu'en vertu d'une loi spéciale du Parlement disant qu'il y a lieu de réviser la Constitution sur tel ou tel point. C'est ce qu'on appelle la loi de révision : cette loi indique les points sur lesquels le Congrès aura à délibérer et il ne peut en examiner d'autres.

38. La loi de révision peut-elle dire qu'on révisera la forme, républicaine du Gouvernement?

Non, cela est expressément défendu par une loi constitutionnelle du 14 août 1884 : la République est la forme définitive du gouvernement de la France.

39. Le Congrès n'a-t-il pas une autre attribution que de réviser la Constitution?

C'est le Congrès qui élit le Président de la République.

40. Quelles sont les Constitutions qui ont régi la France depuis la Révolution de 1789?

Ce sont les suivantes :

1° Constitution de 1791 qui établit la monarchie constitutionnelle.

2° Constitution de 1793, rendue sous la Terreur, qui ne fut pas appliquée.

3° Constitution de l'an III qui établit le Directoire.

4° Constitution de l'an VIII qui établit le Consulat.

5° Sénatus-consulte de l'an XII, qui modifie la Constitution précédente en établissant l'Empire héréditaire au profit de Napoléon Bonaparte.

6° Charte de 1814 qui organise le gouvernement de la Restauration, et introduit en France le régime parlementaire emprunté à l'Angleterre.

7° Acte additionnel aux constitutions de l'Empire, rendu en 1815 pendant les Cent Jours.

8° Charte de 1830, qui n'est autre que la Charte de 1814 révisée, et qui organise la monarchie de Louis-Philippe.

9° Constitution de 1848 proclamant et organisant la République démocratique parlementaire.

10° Constitution de janvier 1852 donnant la présidence de la République au prince Louis-Napoléon Bonaparte. Elle supprime le régime parlementaire en rendant le pouvoir exécutif indépendant du pouvoir législatif.

11° Sénatus-consulte de novembre 1852 qui modifie la Constitution précédente en rétablissant l'Empire au profit du même prince.

12° Décret du Gouvernement de la Défense

nationale du 4 septembre 1870, proclamant la République. Ce décret fut rendu à la fin de la guerre franco-allemande, et après la Révolution qui éclata à Paris à la nouvelle de la capitulation de Sedan.

13° Enfin, Constitution de 1875 qui nous régit actuellement et qui organise la République démocratique parlementaire.

Pouvoir législatif.

41. Qu'est-ce que la loi?

C'est une règle (ou un ensemble de règles) imposée aux citoyens par le pouvoir social.

42. Qui a le droit de faire la loi?

C'est le pouvoir législatif. Ce pouvoir appartient au Parlement qui se compose de la Chambre des députés et du Sénat.

43. La loi est-elle exécutoire lorsqu'elle a été successivement votée par la Chambre des députés et par le Sénat?

Il faut de plus qu'elle ait été promulguée par le Président de la République (N° 58) et publiée. La publication résulte de l'insertion de la promulgation au Journal Officiel.

Chambre des députés.

44. *Comment sont élus les députés?*

Ils sont élus par le suffrage universel (N° 10). Dans chaque arrondissement, les électeurs ont à élire un député (à moins que l'arrondissement ne soit très peuplé ; dans ce cas, on le divise en plusieurs circonscriptions dont chacune nomme un député). La Chambre des députés forme l'un des deux éléments du Parlement; l'autre est le Sénat.

44 bis. *Combien y a-t-il de députés?*

Il y en a 576; mais le nombre n'est pas fixe ; il dépend, dans une certaine mesure, du développement de la population.

45. *Quelles sont les attributions de la Chambre des députés?*

Elle fait les lois, concurremment avec le Sénat. La loi en effet n'est parfaite que lorsqu'elle est votée par l'une et l'autre Chambres.

45 bis. *N'a-t-elle que des fonctions législatives?*

Une autre attribution très importante consiste à surveiller le gouvernement. Quand les actes des ministres ne lui plaisent pas, elle rend un vote de défiance ou de blâme, et les ministres doivent se retirer (N° 26).

Sénat.

46. *Comment nomme-t-on les sénateurs?*

Les sénateurs sont nommés par une assemblée, dite *collège sénatorial*, qui se réunit au chef-lieu du département sous la présidence du Président du tribunal civil de ce chef-lieu.

Le collège sénatorial comprend :
1° Les députés du département,
2° Les conseillers généraux du département,
3° Les conseillers d'arrondissement,
4° Les délégués des conseils municipaux (N° 133), qui forment la grande majorité.

47. *A quel âge peut-on être élu sénateur?*

(N° 19).

48. *Combien y a-t-il de sénateurs?*

Il y en a 300.

49. *Le Sénat n'a-t-il pas quelquefois le rôle de tribunal?*

Oui, il prend alors le nom de Haute-Cour.

50. *Quelles sont les attributions de la Haute-Cour?*

Elle en a plusieurs :

1° Elle juge toute personne accusée d'attentat contre la sûreté de l'Etat, c'est-à-dire accusée d'avoir essayé de renverser par la violence la Constitution et les pouvoirs établis.

2° Elle juge les ministres lorsqu'ils sont accusés par la Chambre des députés d'avoir commis des crimes dans l'exercice de leurs fonctions.

3° Elle est la seule juridiction compétente pour les crimes ou délits quelconques commis par le Président de la République.

51. *Qu'est-ce que c'était que la Chambre des pairs?*

C'était la Chambre haute sous le gouvernement de la Restauration, institué par la Charte de 1814. Cette charte instituait en effet un Parlement composé de deux Chambres : 1° la Chambre basse (ou Chambre des représentants ou Chambre des députés), qui était élue suivant le régime censitaire; 2° la Chambre haute (ou la Chambre des pairs).

52. *Comment étaient désignés les pairs?*

En général, ils étaient désignés par le roi. Il les nommait à vie, et même, quand il

s'agissait de personnages de la vieille aristo-
cratie, il conférait la pairie à titre héréditaire,
de sorte que l'héritier du titre de noblesse
succédait en même temps à la pairie.

D'autre part, la pairie était attachée à
certaines hautes fonctions, par exemple à
celle de maréchal de France.

53. *Ne finit-on pas par supprimer la
pairie héréditaire?*

Oui, elle fut supprimée sous Louis-Philippe. Il n'y eut plus désormais que des pairs
nommés à vie par le roi.

Pouvoir exécutif.

54. *A qui appartient ce Pouvoir?*

Au Président de la République et aux
ministres.

Président de la République.

55. *Comment est-il élu?*

Il est élu par le Congrès pour sept ans.

56. *Quel est son rôle?*

Il représente la France, et il est le chef du
Pouvoir exécutif. En cette qualité, il fait des
décrets pour assurer l'observation des lois, et

nomme à tous les emplois civils et militaires.

Il participe aussi à l'œuvre législative : la loi n'est exécutoire que lorsqu'elle est promulguée par le Président de la République.

57. *Le Président peut-il refuser de promulguer une loi votée par les Chambres?*

Il peut demander une *nouvelle lecture*, c'est-à-dire une nouvelle délibération, mais, si le Parlement persiste, le Président est obligé de promulguer la loi.

58. *Qu'est-ce que la promulgation de la loi?*

C'est l'acte par lequel le Président atteste officiellement l'existence de la loi, en donnant aux citoyens l'ordre de s'y conformer.

59. *Comment appelle-t-on les actes du Président?*

On les appelle « décrets ». Un décret n'est valable que lorsqu'il est contresigné par un ministre, qui en endosse ainsi la responsabilité devant le Parlement.

60. *Le Président peut-il dissoudre le Sénat?*

Non, mais il peut, avec l'autorisation du Sénat, dissoudre la Chambre des députés. C'est ce qu'a fait en 1877 Mac-Mahon.

Ministres.

61. *Quels sont les principaux minis-tères qui forment le gouvernement?*

On distingue :
1° Le ministère de l'Intérieur,
2° Le ministère de l'Instruction publique, des Beaux-Arts et des Cultes,
3° Le ministère du Commerce et de l'Industrie,
4° Le ministère des Travaux publics,
5° Le ministère de la Guerre,
6° Le ministère de la Marine et des colonies,
7° Le ministère des Finances,
8° Le ministère des Affaires étrangères,
9° Le ministère de l'Agriculture.

62. *Quelle est la mission du ministre des affaires étrangères?*

Il s'occupe des relations de la France avec les divers États étrangers. Il est le chef de nos ambassadeurs et de nos consuls à l'étranger.

63. *Qu'est-ce qu'un ambassadeur?*

C'est un fonctionnaire qui représente son souverain auprès d'un autre souverain. Ainsi notre ambassadeur en Angleterre représente notre Président de la République auprès du roi d'Angleterre.

64. *Quelle est sa mission?*

Il protège nos nationaux à l'étranger, en faisant des réclamations au souverain étranger. Il prépare les traités entre la France et l'Etat étranger. Si le gouvernement français a une réclamation à faire, par exemple pour obtenir l'extradition d'un criminel, il la fait présenter par notre ambassadeur.

65. *Qu'est-ce qu'un consul?*

C'est un agent de la France chargé de faciliter, à l'étranger, le commerce de nos nationaux, en leur donnant les renseignements nécessaires. Par exemple, si un égyptien domicilié au Caire me doit 1000 francs et ne me les paie pas, je m'adresse au Consul français du Caire, qui m'indique la situation de fortune de mon débiteur et la marche à suivre pour me faire payer.

66. *Quelles différences y a-t-il entre un ambassadeur et un consul?*

1° Le premier est un agent politique et représente son Etat. Le second n'est qu'un agent commercial.

2° L'ambassadeur jouit de *l'exemption de la juridiction locale.* Ainsi, si l'ambassadeur d'Angleterre à Paris ne paie pas ses fournisseurs ou même s'il commet des crimes, il ne saurait être poursuivi devant nos tribunaux. Lorsqu'il cause un trop grand scandale, nous pouvons demander au gouvernement anglais de le rappeler; nous pouvons, au besoin, l'expulser de France, le reconduire en un mot à la frontière. Les consuls ne jouissent pas de cette faveur : ils sont justiciables de la juridiction locale.

3° Comme un ambassadeur représente son souverain, il jouit de l'inviolabilité, c'est-à-dire que les outrages contre lui sont punis plus sévèrement que contre un simple particulier. Il n'en est pas de même du consul.

Remarquons, pourtant, que les archives d'un consulat sont inviolables tout comme celles d'une ambassade, c'est-à-dire que les autorités locales ne peuvent pas y saisir les papiers et documents quelconques.

67. *N'y a-t-il pas des pays où les consuls français jouissent de pouvoirs très étendus?*

Dans les pays *hors chrétienté*, notamment ceux qui sont soumis à la domination musulmane, nos consuls ont, en vertu d'anciens traités appelés « Capitulations », un droit de justice et de police sur leurs nationaux. En effet, on n'a pas confiance dans l'impartialité de la juridiction locale, dont les arrêts sont parfois inspirés par le fanatisme religieux.

Donc, si dans un de ces pays, je suis poursuivi en justice, soit par un Français comme moi, soit par un indigène, c'est le consul français, et non pas le tribunal indigène qui est compétent.

Pouvoir judiciaire.

68. *Quels sont les principaux tribunaux?*

En matière pénale, il y a la Cour d'assises pour les crimes, le tribunal correctionnel pour les délits ordinaires, et le tribunal de simple police pour les contraventions.

En matière civile, il y a le tribunal civil pour les affaires les plus importantes et la justice de paix pour les affaires peu importantes.

En matière commerciale, il y a le tribunal de commerce.

Pour les contestations entre patrons et ouvriers, il y a le conseil de prud'hommes.

69. *Si vous perdez votre procès, pouvez-vous faire appel devant une juridiction supérieure?*

Cela dépend de l'importance de l'affaire : si elle n'est pas importante, je ne peux pas faire appel ; si elle est importante, je le peux.

70. *Devant quelle juridiction pouvez-vous faire appel?*

Si j'ai perdu mon procès devant un juge de paix, l'appel est porté devant le tribunal civil. Si je l'ai perdu devant le tribunal civil, je dois porter mon appel devant la Cour d'appel.

71. *Qu'est-ce que le tribunal d'arrondissement?*

C'est un tribunal qui se trouve dans chaque chef-lieu d'arrondissement. Tantôt il juge les affaires civiles, et on l'appelle alors tribunal civil; tantôt il juge les délits, par exemple les vols, et on l'appelle alors tribunal correctionnel.

72. *Qu'est-ce que la Cour d'assises?*

C'est un tribunal chargé de juger les personnes accusées d'avoir commis un crime (meurtre, incendie, etc.)

73. *Siège t-elle tout le temps?*

Non, elle n'est pas permanente; elle tient une ou plusieurs sessions chaque année, selon le nombre des crimes.

74. *Où siège-t-elle?*

Au chef-lieu de chaque département.

75. *Comment est-elle composée?*

La Cour d'assises comprend deux éléments :

1° La Cour, composée de trois magistrats de profession, dont l'un, le Président, est emprunté à la Cour d'appel voisine ;

2° Le Jury, composé de 12 citoyens du département, simples particuliers, désignés par un tirage au sort à l'ouverture de la session.

La mission du Jury est de déclarer si l'accusé est coupable.

Celle de la Cour est d'indiquer la peine, en cas de culpabilité déclarée par le Jury.

76. *Qu'est-ce qu'un tribunal électif?*

C'est celui dont les membres, au lieu d'être nommés par le chef de l'Etat, sont élus par les citoyens (ou du moins une certaine catégorie de citoyens).

77. *Citez des tribunaux électifs?*

1° Les tribunaux de commerce qui jugent les contestations relatives aux affaires commerciales ; les juges sont élus par les commerçants.

2° Les Conseils de prud'hommes qui jugent les contestations entre les patrons et les ouvriers.

Ces tribunaux comprennent :

1° Des juges ou prud'hommes patrons élus par les patrons du lieu.

2° Des juges ou prud'hommes ouvriers élus par les ouvriers du même lieu. La présidence de ce tribunal mixte appartient alternativement à un prud'homme patron et à un prud'homme ouvrier.

78. Qu'entend-on par les tribunaux d'exception?

Ce sont des tribunaux qui n'ont de compétence que dans les cas indiqués par la loi. Ils n'ont, en un mot, qu'une compétence spéciale.

79. Qu'oppose-t-on aux tribunaux d'exception?

On leur oppose les tribunaux ordinaires ou de droit commun, qui sont compétents pour toutes les affaires en général, sauf celles qui sont déférées formellement par la loi à un tribunal d'exception.

80. Quels sont les tribunaux ordinaires ou de droit commun?

Ce sont les tribunaux civils d'arrondissement (N° 71).

81. Citez des tribunaux d'exception?

On peut citer :

Les tribunaux répressifs, les tribunaux de commerce, les Conseils de prud'hommes et les tribunaux administratifs (N°ᵒˢ 95, 99, 100).

82. *Qu'est-ce qu'un juge de paix?*

C'est un magistrat chargé de juger les petites affaires, celles qui ne dépassent pas une valeur de 200 francs. Il y a un juge de paix dans chaque chef-lieu de canton.

83. *Ne juge-t-il pas aussi, en matière pénale, les faits de peu de gravité?*

Oui, il juge les contraventions; mais alors il intervient, non comme juge de paix, mais comme juge de simple police.

84. *N'a-t-il pas des fonctions extra-judiciaires?*

Oui : ainsi il préside les conseils de famille, et il est chargé d'apposer les scellés.

85. *Qu'est-ce que le Conseil de famille?*

C'est une assemblée composée de parents (ou, à défaut de parents, d'amis) et ayant pour mission de protéger les mineurs qui n'ont plus leurs père et mère. Ce Conseil surveille l'administration du tuteur, et lui trace la ligne de conduite; il peut même le destituer. Le tuteur doit obtenir l'autorisation du conseil de famille quand il veut faire des actes très graves pour son pupille, par exemple quand il veut vendre des immeubles ou des titres de rente appartenant à son pupille.

86. *Qu'est-ce que les scellés?*

Ce sont des petites bandes de toile fixées, avec de la cire à cacheter marquée du sceau du magistrat, sur les portes ou tiroirs de certains meubles (armoires, secrétaires, etc.), de telle sorte qu'on ne peut ouvrir la porte ou le tiroir qu'en faisant sauter la bande. Celui qui viole ainsi un scellé s'expose à des peines graves.

87. *Dans quels cas, par exemple, met-on les scellés?*

En cas de décès, pour protéger les héritiers non présents du défunt contre les détournements des gens qui vivaient avec lui. On met aussi les scellés en cas de faillite d'un commerçant, afin qu'il ne puisse rien détourner, et que tout son actif soit réservé pour payer ses créanciers.

88. *Qu'est-ce qu'un conseil de guerre?*

C'est un tribunal répressif spécial qui juge les délits militaires, et aussi les délits ordinaires qui ont été commis par des militaires.

89. *Peut-on faire appel du jugement en prétendant que le conseil de guerre s'est trompé sur les faits?*

Non, la décision d'un conseil de guerre est souveraine, en général du moins.

90. *Quel est le personnel d'un conseil de guerre?*

Il comprend généralement 7 membres :
Un colonel qui préside,
Un chef de bataillon,
2 capitaines,
1 lieutenant,
1 sous-lieutenant,
1 sous-officier.

91. *Qu'est-ce que la Cour d'appel?*

C'est un tribunal supérieur qui examine à nouveau les affaires déjà jugées par les tribunaux civils d'arrondissement ou par les tribunaux de commerce, quand ces affaires dépassent la valeur de 1500 francs.

C'est aussi devant la Cour d'appel qu'on peut attaquer les jugements rendus par un tribunal correctionnel.

92. *Combien y a-t-il de Cours d'appel?*

Il y en a 26.

93. *Qu'est-ce que la Cour de cassation?*

C'est un tribunal suprême chargé d'assurer l'exacte observation de la loi, en cassant les jugements qui y sont contraires.

94. *Sur quoi juge-t-elle?*

Elle juge sur le droit et non sur les faits. Elle prend les faits tels qu'ils ont été appréciés par le tribunal, et vérifie si ce tribunal a exactement appliqué la loi à ces faits.

Si le jugement lui paraît contraire à la loi, elle ne juge pas le procès à nouveau; elle se borne à casser le jugement, et à renvoyer les plaideurs devant un tribunal de même ordre.

Par exemple, si elle casse un arrêt d'une Cour d'appel, elle renvoie devant une autre Cour d'appel. Si elle casse un jugement d'un juge de paix, elle renvoie devant un autre juge de paix.

95. *Qu'est-ce que le Conseil d'Etat?*

C'est à la fois un Conseil de gouvernement et un tribunal administratif.

96. *Comment est-il composé?*

Il comprend :

1° Un Président, qui n'est autre que le garde des Sceaux, ministre de la justice;

2° Deux vice-présidents;

3° Des conseillers en service ordinaire, qui sont rétribués ;

4° Des conseillers en service extraordinaire, qui ne sont pas rétribués, et remplissent ces fonctions à titre honorifique : ils sont choisis parmi les hauts fonctionnaires de l'administration centrale, et ne participent aux délibérations que sur les matières rentrant dans leurs fonctions.

5° Des maîtres des requêtes, chargés d'étudier les dossiers et de faire des rapports.

6° Des auditeurs nommés au concours, qui aident les maîtres des requêtes dans leur travail.

97. *Quelle est la mission du Conseil d'Etat comme conseil de gouvernement?*

Il donne son avis au Chef de l'Etat, quand celui-ci le lui demande. Il y a même des cas où cet avis doit être demandé : c'est quand il s'agit d'un décret portant règlement d'administration publique, ou encore d'un décret rendu dans la forme des règlements d'administration publique (par exemple un décret accordant à un étranger la naturalisation ou même simplement l'autorisation de fixer son domicile en France),

Le Chef de l'Etat n'est jamais obligé de suivre les avis du Conseil de l'Etat.

98. *Quelles sont ses attributions comme tribunal administratif?*

1° Il est tribunal d'appel par rapport aux tribunaux administratifs inférieurs, tels que les Conseils de préfecture.

2° Il est tribunal de droit commun en matière administrative, c'est-à-dire qu'il connaît de tous les procès administratifs qui ne sont pas déférés spécialement par la loi à une autre juridiction.

3° Il annule les décisions d'une autorité

administrative quelconque, lorsqu'il y a violation de la loi.

99. *Qu'est-ce que le Conseil de préfecture?*

Ce Conseil a trois rôles principaux :

1° C'est un Conseil administratif chargé de donner des avis au Préfet, chaque fois que le Préfet en a besoin. Il y a même des cas où la loi exige que le Préfet, avant de prendre une décision, demande l'avis de ce Conseil.

2° Ce Conseil exerce une certaine tutelle sur les communes et les établissements publics. Ainsi une commune (ou un établissement public) ne peut plaider, c'est-à-dire soutenir ses droits en justice qu'en vertu d'une autorisation de ce Conseil.

3° Le Conseil de préfecture siège aussi comme tribunal administratif dans certains cas : par exemple, lorsqu'il s'agit d'une contestation en matière d'impôts directs (je prétends que je suis imposé au delà de la mesure légale), et en matière de travaux publics.

100. *Qu'est-ce que la Cour des comptes?*

C'est un tribunal administratif chargé de vérifier les comptes des agents comptables de l'État, et de juger, pour chacun d'eux, s'il doit de l'argent à l'État, ou si c'est l'État qui lui en doit, ou s'il est quitte envers l'État comme l'État est quitte envers lui. C'est ce qu'on appelle les arrêts de *débet* au 1ᵉʳ cas, *d'avance* au 2ᵉ cas, et de *quitus* dans le 3ᵉ.

101. *Cette Cour n'exerce-t-elle pas aussi un contrôle sur l'exécution du budget?*

Oui, elle déclare si l'ensemble des dépenses ordonnées par les ministres et les préfets, et payées par les comptables, sont bien conformes aux prévisions de la loi du budget votée par le parlement. C'est ce qu'on appelle les *déclarations de conformité.*

102. *Comment appelle-t-on les membres composant la Cour des comptes?*

Il y a un premier président, trois présidents de Chambre, des conseillers-maîtres, des conseillers référendaires et des auditeurs.

103. *Les conseillers à la Cour des comptes peuvent ils être révoqués?*

Non, ils sont inamovibles; c'est une exception à la règle que les juges administratifs sont révocables.

104. *Qu'entend-on par l'inamovibilité d'un juge?*

Cela signifie que le juge ne peut être ni révoqué ni même envoyé dans un autre tribunal sans son consentement.

105. *Qui nomme les juges?*

C'est le Président de la République sur la proposition du ministre de la justice.

106. *Quel est le motif de l'inamovibilité?*

C'est une garantie pour les justiciables que le juge sera impartial et ne se décidera que d'après les règles du droit. Sans l'inamovibilité, le juge serait suspect de donner toujours raison aux amis du gouvernement, par crainte de perdre sa place. Grâce à l'inamovibilité, le juge n'a rien à craindre pour sa situation; il peut sans aucun risque apprécier les faits et appliquer la loi suivant sa conscience.

107. *Quels sont les juges qui jouissent de l'inamovibilité?*

Ce sont les juges des tribunaux d'arrondissement, les conseillers de la Cour de cassation et enfin les conseillers de la Cour des comptes.

108. *Les juges de paix sont-ils inamovibles?*

Non, ils sont révocables.

109. *Les Conseillers d'Etat et de Préfecture sont-ils inamovibles?*

Non, ils sont révocables. Tout juge administratif est révocable, sauf ceux de la Cour des comptes.

110. *Lorsqu'un juge inamovible devient fou, ou tombe dans une inconduite no-toire, continue-t-il de siéger?*

Dans ce cas, il peut être déposé ou destitué.

111. *Qu'est-ce que le ministère public?*

Le M. P. (on dit aussi le Parquet) est une autorité, représentant la société, et chargée de veiller, auprès d'un tribunal, à l'observation des lois d'ordre public, et à la protection de tous ceux qui, ne pouvant se protéger eux-mêmes, sont sous la sauvegarde de la société.

Par exemple, lorsqu'un procès intéresse un mineur, le ministère public veille à ce que ses intérêts soient bien défendus.

Si un mariage blesse l'ordre public (par exemple en cas de bigamie), il en demande la nullité.

112. *Le M. P. n'a-t-il pas d'importantes attributions en matière pénale?*

Il est chargé de rechercher les délits et les crimes, d'en poursuivre les auteurs devant les tribunaux, et de veiller à l'exécution des peines.

113. *Quels sont les fonctionnaires composant le M. P.?*

Ce sont : 1° les Procureurs généraux (aidés par des avocats généraux et des substituts) sous l'autorité du Ministre de la justice, Garde des Sceaux.

2° Les procureurs de la République (aidés par des substituts), sous l'autorité des procureurs généraux.

114. *Auprès de quelles juridictions trouve-t-on des procureurs généraux?*

Il y a un procureur général : 1° auprès de la Cour de cassation, 2° auprès de chaque Cour d'appel, 3° auprès de la Cour des comptes.

115. *Auprès de quelles juridictions trouve-t-on des procureurs de la République?*

Il y a un procureur de la République auprès de chaque tribunal d'arrondissement.

116. *Comment sont nommés les fonctionnaires du ministère public?*

Ils sont nommés par un décret du président de la République.

117. *Sont-ils révocables?*

Oui : c'est une différence avec les juges

qui (à part les *juges* de paix et les *juges* administratifs) sont inamovibles.

118. *Qu'entend-on par ces expressions « magistrature debout, magistrature assise »?*

La magistrature debout comprend les fonctionnaires du Ministère public, c'est-à-dire les procureurs généraux et procureurs de la République.

La magistrature assise comprend les juges.

CHAPITRE III

Personnes morales publiques.

119 *Qu'est-ce qu'une personne morale?*

C'est un être fictif, admis par la loi pour mieux donner satisfaction à des intérêts communs. Cet être fictif a un patrimoine, c'est-à-dire des biens et des obligations, en un mot un actif et un passif.

Comme exemples de personnes morales on peut citer :

1° Les personnes morales publiques qui sont l'Etat, le département et la commune.

2° Les établissements publics : hospices, bureaux de bienfaisance, universités, fabriques d'église, consistoires protestants, synagogues israélites.

3° Les établissements reconnus d'utilité publique : sociétés de secours mutuels, congrégations religieuses reconnues, etc.

4° Les syndicats d'ouvriers.

5° Les sociétés de commerce.

120. *Qu'entend-on par un budget ?*

C'est un état de prévision des recettes et des dépenses pour une année à venir.

121. *Citez des administrations qui ont des budgets ?*

Toute association importante, tout grand établissement a un budget. Le principal budget est celui de l'Etat.

Il y aussi le budget de chaque département, de chaque commune, de l'Assistance publique.

Chaque ministère a un budget de dépenses, où l'on prévoit les dépenses qui seront permises, mais ne devront pas être dépassées. Chaque ministre prépare, d'une façon détaillée, son budget de dépenses pour l'année à venir, et en demande l'approbation au Parlement.

122. *Qui prépare le budget de l'Etat ?*

Pour les dépenses, chaque ministre prépare son budget (voir la fin de la question précédente).

Pour les recettes, c'est le ministre des finances qui établit le budget.

Le Parlement vote d'abord les divers budgets de dépenses, puis il vote le budget des recettes.

123. *Comment chaque Chambre se fait-elle renseigner sur l'utilité des dépenses à faire ou sur le chiffre des recettes à effectuer?*

Chaque Chambre nomme dans son sein une commission, dite commission du budget. Ces commissaires étudient les projets présentés par les ministres, et font un rapport à la Chambre afin d'éclairer l'ensemble de leurs collègues. Le budget de dépenses de chaque ministre est divisé en chapitres et en articles. On délibère sur chaque article et chaque membre de la Chambre peut présenter des amendements soit pour diminuer la dépense, soit pour l'augmenter.

124. *La loi du budget peut-elle être présentée d'abord au Sénat, puis à la Chambre?*

Pour les lois ordinaires, on peut soumettre le projet en premier lieu, soit au Sénat, soit à la Chambre des députés : l'ordre des votes des Chambres est indifférent pourvu que les deux votes soient obtenus. Mais ici, il y a exception. Du moment qu'il s'agit d'une loi de finance, il faut qu'elle soit votée en premier lieu par la Chambre des députés.

A part ce droit de priorité dans l'ordre des votes, le Sénat a les mêmes droits que la Chambre des députés sur la fixation du budget : il peut supprimer des dépenses approuvées par la Chambre des députés, ou au contraire rétablir des dépenses supprimées par la Chambre des députés, et même ordonner des dépenses non prévues par le ministre. La loi ne sera définitive, en matière de budget comme en toute autre, que lorsque les deux Chambres seront tombées d'accord sur le même texte.

125. *Qu'est-ce que la dette publique?*

C'est celle qui provient des grands emprunts faits par l'Etat, et notamment de l'emprunt fait en 1871 après la guerre franco-allemande pour payer à l'Allemagne l'indemnité de 5 milliards.

On distingue la dette consolidée, la dette amortissable et la dette flottante.

126. *Qu'est-ce que la dette consolidée?*

C'est la dette perpétuelle. L'Etat est tenu de payer les intérêts, c'est-à-dire la rente; mais il n'est jamais tenu de payer le capital. Sans doute il a le droit de payer le capital, s'il a de l'argent disponible, afin de se libérer et de n'avoir plus de rente à payer; mais il n'y est jamais obligé.

127. *Qu'est-ce que la dette amortissable?*

C'est celle dont les titres sont remboursables par voie de tirage au sort et en un long délai.

128. *Qu'est-ce que la dette flottante?*

C'est celle qui est remboursable à bref délai : elle consiste principalement dans les « bons du Trésor », et produit pour ceux qui en sont porteurs un très faible intérêt :

129. *Qu'est-ce que l'amortissement de la dette?*

Il consiste en ceci :
Le ministre des finances achète (pour le compte de l'Etat) des titres de rente sur l'Etat afin de les détruire : de cette façon l'Etat n'aura évidemment plus à payer les rentes relatives à ces titres. — C'est un procédé très simple de réduire la dette publique; mais il est peu praticable, car il suppose des excédents budgétaires, ce qui est rare.

130. *Qu'est-ce que la conversion?*

Elle consiste à payer aux porteurs de titres de rente une rente moins forte : 3 francs, par exemple, au lieu de 4 francs; c'est ce qu'on appelle la conversion du 4 pour 1 en 3 pour 100.

131. *Mais il me semble alors que la conversion est injuste ; n'est-ce pas une sorte de banqueroute que de payer 3 quand on doit 4 ?*

La conversion est très juste, car l'Etat ne l'impose pas au porteur du titre.

S'il ne l'accepte pas, l'Etat lui paie le capital du titre, c'est-à-dire 100 francs, ce qui est certainement le droit de l'Etat.

132. *Mais alors tous les porteurs doivent préférer le remboursement du capital ?*

Pas du tout : la plupart des porteurs aiment mieux accepter une réduction de rente que de recevoir un capital qu'ils seraient bien embarrassés pour placer avec sécurité. D'ailleurs un Etat n'emploie et ne peut employer la conversion que lorsque son crédit est bien établi, en un mot lorsqu'il est dans une période de prospérité. La conversion est alors un excellent moyen de diminuer la charge de la rente.

133. *Qu'est-ce qu'un percepteur, un receveur particulier, un trésorier-payeur général ?*

Un percepteur est un comptable ou caissier de l'Etat : il est chargé de recevoir les impôts des contribuables et de faire les paiements dus par l'Etat (appointements de l'Instituteur public, des gendarmes, etc.). Il est au bas de la hiérarchie des comptables publics. Au-dessus de lui se trouve le receveur particulier, au-dessus duquel se trouve le trésorier payeur général.

D'une façon générale, il y a un trésorier payeur général au chef-lieu de chaque département, un receveur particulier au chef-lieu de chaque arrondissement et un percepteur au chef-lieu de chaque commune.

134. Quand un percepteur a reçu des sommes importantes, qu'en fait-il?

Il ne peut pas conserver en caisse une somme dépassant un certain chiffre. Dès qu'il a en main cette somme, il doit l'envoyer au receveur particulier. De même celui-ci, à partir d'un certain chiffre, doit envoyer son encaisse au trésorier payeur.

135. Qu'est ce que l'impôt?

C'est la contribution de chacun aux dépenses de l'Etat.

136. Comment divise-t-on les impôts?

On les divise généralement en impôts directs et impôts indirects.

L'impôt direct est perçu par l'admini tration, sur chaque contribuable, en v rt d'un rôle nominatif. En un mot, l'admi tration fait la facture de chacun et la envoie. Ainsi l'impôt foncier que doit payer chaque propriétaire d'un immeuble est un impôt direct. L'impôt indirect est perçu non de tel ou tel contribuable personnellement désigné, mais à l'occasion de tel fait, de tel acte. On ne sait pas d'avance si cet impôt sera perçu, ni qui le paiera, ni quelle somme totale il fournira à l'Etat. Ainsi l'impôt de douane, qui est perçu sur les marchandises étrangères quand elles entrent en France, est un impôt indirect. On ne sait pas d'avance s'il entrera de ces marchandises, ni combien il en entrera, ni quelles personnes s'en serviront et par conséquent devront supporter l'impôt.

137. *Quels sont les principaux impôts directs?*

Ce sont :

1° L'impôt foncier qui frappe les propriétaires de terres ou de maisons, à raison des revenus qu'ils en retirent.

2° L'impôt personnel et mobilier, basé sur l'importance du loyer. La loi pense en effet que celui qui habite un bel appartement doit être riche.

3° L'impôt des portes et fenêtres, qui est basé sur la même considération.

4° L'impôt des patentes, frappant ceux qui exercent une industrie quelconque (sauf les exceptions indiquées par la loi).

138. *Quels sont les principaux impôts indirects?*

On peut citer :

1° Les impôts perçus sur les objets de consommation (boissons, alcool, café, etc).

2° Les droits de timbre, d'enregistrement et de greffe, qui sont perçus à l'occasion des transmissions de propriété, des baux, des procès, des contrats en général, des quittances, etc.

3° Les droits de douane (voir n° 139).

4° Les droits sur les transports. Ainsi il y a un fort impôt sur le transport des voyageurs et sur les expéditions de marchandises en grande vitesse.

139. *Qu'est-ce que les droits de douane?*

Ce sont des taxes perçues par l'Etat à l'entrée de certaines marchandises en France. Le but de ces droits est de protéger l'industrie nationale contre la concurrence étrangère en France. Autrement certaines de nos industries ne pourraient pas subsister.

Par exemple, si les fers et aciers anglais entraient librement, nos grands établissements métallurgiques, ne pouvant produire à aussi bon marché, feraient faillite et leurs ouvriers seraient réduits à la misère.

De même si les blés étrangers rentraient en France librement, nos cultivateurs ne pourraient vendre leur blé à un prix rémunérateur et cesseraient de cultiver le sol.

140. Quelle est la différence entre les droits de douane et les droits d'octroi?

Les premiers sont perçus par l'Etat sur des marchandises étrangères en vue de protéger l'industrie nationale.

Les seconds sont perçus par les villes sur des marchandises de provenance quelconque qui pénètrent dans leur enceinte, pour les aider à supporter les dépenses qu'elles font pour le bien-être de leurs habitants.

141. Qu'appelle-t-on monopole?

Un monopole est le droit de vendre certaines marchandises ou de fournir au public certains services payés, à l'exclusion de toute autre personne.

142. Donnez des exemples de monopoles?

1° Un inventeur a le monopole de son invention, pourvu qu'il prenne un *brevet*. Celui qui, employant les mêmes procédés, fabriquerait et vendrait les mêmes produits, s'expose à être poursuivi par l'inventeur pour contrefaçon. Il en est de même pour les marques de fabrique.

2° Tout auteur a le monopole de la publication de ses ouvrages ; c'est ce qu'on appelle la propriété littéraire et artistique. De même un auteur dramatique a seul le droit de faire représenter sa pièce.

3° Les Compagnies de chemins de fer ont un monopole que l'Etat leur a concédé.

Ainsi un particulier ne pourrait pas exploiter une ligne de chemin de fer de Paris à Versailles, car ce serait contraire au monopole de la Compagnie de l'Ouest.

143. *Citez des monopoles de l'Etat ?*

Il a seul le droit de vendre le tabac, les allumettes, la poudre. Il exploite seul les postes, le télégraphe et le téléphone. Il a aussi un réseau de chemins de fer (réseau de l'Etat) pour l'exploitation duquel il a un monopole.

Département.

144. *Quel est le magistrat qui se trouve à la tête du département ?*

C'est le Préfet.

145. *Par qui est nommé le préfet ?*

Par un décret du chef de l'Etat, sur la proposition du ministre de l'Intérieur.

146. *Quel est le rôle du préfet ?*

Il a trois rôles :
1° Il est agent du pouvoir central, et de

faire exécuter dans le département les lois et les décrets.

2° Il gouverne le département et prend toutes les mesures propres au bon ordre et à la prospérité des habitants.

3° Il représente le département en tant que personne morale; il gère ses biens, ordonne ses dépenses et défend ses intérêts en justice.

147. *Qu'est-ce que le Conseil général?*

C'est une assemblée chargée de veiller aux intérêts du département. Chaque canton élit un réprésentant. Il y a donc autant de conseillers généraux que de cantons dans le département.

148. *Le Conseil général est-il permanent?*

Non; il tient deux sessions par an, l'une quelque temps après Pâques et l'autre à la fin d'août.

Celle du mois d'août est la plus importante, car c'est dans cette session que le Conseil général vote le budget du département et qu'il élit dans son sein la commission départementale.

149. *Qu'est-ce que la commission départementale?*

C'est une délégation permanente du Conseil général. Elle se réunit au moins une fois par mois, à l'hôtel de la Préfecture, et règle le détail des affaires que le Conseil général n'a examinées qu'en gros. Elle demande compte au préfet de la façon dont il emploie les sommes d'argent appartenant au département.

150. *Le département a-t-il un budget?*

Oui, car c'est une personne morale. Il a des dépenses à faire et des ressources pour les effectuer.

Commune.

151. *Qu'est-ce que la commune?*

C'est une circonscription territoriale dont les habitants, à raison de leur voisinage, forment une sorte d'association naturelle.

Cette association, appelée aussi commune ou municipalité, a à sa tête un maire aidé par un ou plusieurs adjoints et assisté d'une assemblée appelée Conseil municipal.

152. *La commune a-t-elle un patrimoine?*

Oui, elle a des biens et des dettes.

Pour certains de ses biens (forêts et prairies), les habitants en jouissent en nature et en commun.

Pour d'autres, le maire les donne à ba

aux conditions réglées par le Conseil municipal.

Les ressources de la commune comprennent aussi :

1° Certains impôts que les habitants doivent payer et qui sont fixés par le Conseil
municipal ;

2° Les dons et legs que des particuliers
peuvent faire à la commune ;

3° Les sommes provenant d'emprunts.

Les dépenses de la commune comprennent : la police, l'éclairage, l'entretien des
chemins, lavoirs, fontaines publiques, maison
d'école, etc.

La commune a un budget qui doit être
voté par le Conseil municipal, vérifié et ap-
prouvé par le préfet.

153. *Qu'est-ce que le Conseil municipal
et quelles sont ses fonctions?*

Le Conseil municipal est une assemblée
de personnes élues par les habitants de la
commune pour veiller à leurs intérêts communs. Le Conseil municipal est chargé
d'élire le maire qu'il doit prendre dans son
sein.

Si quelqu'un fait une donation à une
commune, le Conseil municipal délibère s'il
a lieu de l'accepter.

Lorsqu'il y a lieu d'élire un sénateur dans
département, chaque Conseil municipal
ce département désigne des délégués pour
ê   re part à cette élection.

Le nombre de ces délégués dépend de l'importance du Conseil, c'est-à-dire de la commune.

Le Conseil municipal donne des avis au préfet chaque fois qu'il lui en demande.

154. *Comment sont élus les conseillers municipaux?*

Ils sont élus par le suffrage universel des habitants de la commune au scrutin de liste.

155. *Qu'est-ce qu'un canton?*

C'est une circonscription administrative et judiciaire; dans chaque canton, il y a un juge de paix.

155 *bis. Y a-t il un budget cantonal?*

Non, parce que le canton, à la différence de la commune ou du département, n'a pas de *personnalité morale* : il n'a donc pas de *patrimoine*, c'est-à-dire de biens; dès lors, il ne saurait être question de ses dépenses ni de ses recettes.

156. *Qu'est-ce que l'arrondissemen*

C'est une circonscription administrativ électorale et judiciaire :

Administrative en ce qu'il y a, chaque arrondissement, un sous-préfe un Conseil d'arrondissement.

Electorale, en ce que chaque arron ment désigne au moins un député.

Judiciaire en ce qu'il y a un tribunal dans chaque arrondissement.

156 *bis. L'arrondissement a-t-il, comme le département et la commune, une administration propre et un budget ?*

Non. Le sous-préfet ne gouverne pas l'arrondissement ; il n'est qu'un agent de transmission entre les maires des communes de son arrondissement et le préfet ; il donne aussi des avis au préfet sur les réclamations qui lui sont adressées par les habitants de son arrondissement.

L'arrondissement n'a pas de personnalité, donc pas de patrimoine ni de budget.

156 *ter. Quelle est la principale mission d'un conseil d'arrondissement ?*

C'est de répartir entre les diverses communes de l'arrondissement la somme des impôts directs qui incombe à cet arrondissement.

En effet, dans la loi du budget, le Parlement répartit ces impôts entre les départements.

Dans chaque département, le Conseil général sous-répartit entre les arrondissements.

Dans chaque arrondissement, le Conseil d'arrondissement sous-répartit entre les communes.

Enfin, pour chaque commune, la commission des répartiteurs sous-répartit entre les particuliers.

———

CHAPITRE IV

Etat Civil.

157. *Qu'est-ce que l'état civil ?*

C'est l'ensemble des faits qui déterminent la situation d'une personne dans la société. Ainsi la nationalité, l'âge, la filiation, le mariage, le divorce, sont des faits qui constituent l'état civil.

158. *Qu'appelle-t-on registres de l'état civil ?*

Ce sont des registres tenus dans chaque commune par le maire (ou sous sa surveillance) pour constater les naissances, les mariages et les décès.

159. *Qu'est ce que votre extrait de naissance ?*

C'est la copie faite par le maire (ou s employé) sur une feuille volante, de mon acte de naissance, tel qu'il est écrit sur le registre civil.

159 bis. *Les registres de l'état civil ne sont-ils pas tenus en double?*

Oui. L'un d'eux reste au bureau de la mairie. L'autre est envoyé au greffe du tribunal de l'arrondissement.

160. *Quelle est l'origine des actes de l'état civil?*

Cette origine réside dans les écrits, que rédigeait le clergé dès le moyen âge, et où il constatait les baptêmes, célébrations de mariage et enterrements. Ces écrits étaient souvent très mal tenus.

CHAPITRE V

Instruction publique.

161. *Comment appelle-t-on la grande institution chargée de diriger l'enseignement?*

C'est l'Université de France dirigée par le Ministre de l'Instruction publique. Elle se divise en 17 Académies, dont chacune est gouvernée par un recteur.

Sous les ordres du recteur, il y a, dans chaque département, un inspecteur d'Académie et plusieurs inspecteurs primaires.

161 bis. *Quels sont les différents degrés de l'instruction publique?*

On distingue :

L'instruction primaire, donnée dans les écoles communales,

L'instruction secondaire, donnée dans les lycées;

L'instruction supérieure, donnée dans les Facultés.

162. *Citez les principales Facultés?*

Ce sont : la Faculté des Lettres, la Faculté de Droit, la Faculté de Médecine et la Faculté de Théologie.

CHAPITRE VI

Religion et culte.

163. *Qu'appelle-t-on concordat?*

C'est un traité entre le gouvernement français et le Pape, relatif à l'exercice du culte catholique en France.

164. *Quel est celui qui nous régit?*

C'est celui de l'an IX conclu entre le Premier Consul Bonaparte et le Pape Pie VII. Comme il ne pouvait être valable qu'en vertu de l'approbation du Corps législatif, il fut soumis à cette Assemblée; mais pour le faire accepter plus facilement, Bonaparte y ajouta, sans consulter le Pape, certains articles, dits articles organiques, qui augmentaient les droits du Gouvernement français.

Le Corps législatif accepta le Concordat ainsi complété et modifié, par la loi du 18 germinal an X.

165. *Comment sont nommés les Évêques?*

Le Gouvernement français présente au Pape trois candidats entre lesquels le Pape en choisir.

167. *Qu'est-ce qu'un diocèse?*

C'est une portion de territoire administrée, au point de vue religieux, par un Evêque ou un Archevêque.

168. *Combien y a-t-il de diocèses?*

Il y en a 84, dont 67 évêchés et 17 archevêchés.

169. *Comment appelle-t-on les prêtres des cultes non catholiques?*

On les appelle Rabbins pour le culte juif, et pasteurs pour le culte protestant.

170. *Comment appelle-t-on les établissements qui assurent les détails du culte?*

On les appelle Fabriques pour le culte catholique, Synagogues pour le culte juif, et Consistoires pour le culte protestant.

TABLE ALPHABÉTIQUE DES MATIÈRES

(Les chiffres indiquent les numéros des questions).

~~~~~~~~
~~~~~~~~

PARIS. — E. DE SOYE ET FILS, IMPR., 18, R. DES FOSSÉS-S.-JACQUES.